SOMM

SOMMAIRE

Au restaurant
At the restaurant

Les métiers

Un cuisinier, un chef	A cook, a chef	Un hôte d'accueil	A receptionist
Un barman	A bartender	Un plongeur	A dishwasher
Un serveur, serveuse	A waiter, waitress	Un livreur	A delivery-man
Un maître d'hôtel	A butler		

Les différents restaurants

Un café	A coffee shop	Restauration rapide	Fast food
Un restaurant indien	An indian restaurant	Cuisine gastronomique	Gourmet cooking
Un bar à vin	A wine bar		

A table

Le petit-déjeuner	The breakfast	La fourchette	The fork
Le déjeuner	The lunch	Le couteau	The knife
Le dîner	The dinner	La cuillère à soupe	The tablespoon
Commander	To order	La cuillère à café	The tea spoon
Une table pour 2	A table for 2	Les assiettes	The plates
Le menu	The menu	Les serviettes de table	The napkins
Le vin	The wine	Le verre	The glass
Un repas	A meal	Sur place	Eat-in
L'entrée	The first course, the starters	A emporter	Takeout
Le plat principal	The main course	Un pourboire	A tip
Le dessert	The dessert	Le plat du jour	Today's special
Les boissons	The drinks	Saignant, à point, bien cuit	Rare, medium, well-done

La nourriture (1)
Food (1)

Fruits

Une pomme	An apple	Du cassis	Some black currant
Une pêche	A peach	Une cerise	A cherry
Une poire	A pear	Une groseille	A gooseberry
Une prune	A plum	Un abricot	An apricot
Une grappe de raisin	A bunch of grapes	Une pastèque	A watermelon
Un ananas	A pineapple	Une papaye	A papaya
Une banane	A banana	Une orange	An orange
Un citron	A lemon	Un pamplemousse	A grapefruit
Un kiwi	A kiwi	Une figue	A fig
Un fruit de la passion	A passion fruit	Une grenade	A pomegranate
Une mangue	A mango	Un melon	a melon, a cantaloupe
Une framboise	A raspberry	Une noix de coco	A coconut
Une fraise	A strawberry	Un avocat	An avocado
Une myrtille	A blueberry	Une tomate	A tomato

Légumes

Des haricots verts	Some green beans	Une courgette	A zucchini
Un chou-fleur	A cauliflower	Une aubergine	An eggplant
Un brocolis	A broccoli	Un poivron	A bell pepper
Des petits pois	Some green peas	Un concombre	A cucumber
Une salade, laitue	A salad, lettuce	Un poireau	A leek
Une citrouille	A pumpkin	Une carotte	A carrot

La nourriture (2)
Food (2)

Légumes (suite)

Du fenouil	Some fennel	Un artichaut	An artichoke
Une asperge	An asparagus	Du céleri	Some celery
Un chou	A cabbage	Un radis	A radish
Un chou de Bruxelles	A Brussels sprout	Une betterave	A beet
Un navet	A turnip	Du soja	Some soy
Une patate douce	A sweet potatoe	Des épinards	Some spinach

Viandes et féculents

Du poulet	Chicken	Des pâtes	Pasta
Du bœuf	Beef	Du riz	Rice
De l'agneau	Lamb	Des pommes de terre	Potatoes
Du porc	Pork	Des lentilles	Lentils
Du veau	Veal	Des champignons	Mushrooms
Sel et poivre	Salt and pepper	Ciboulette	Chives
Ail	Garlic	Persil	Parsley
Echalotes	Shallots		

Fruits de mer

Des noix de saint Jacques	Scallops	Des crevettes	Shrimps
Du homard	Lobster	Des palourdes	Clams
Du thon	Tuna	Des moules	Mussels

Au magasin
At the shop

Les différents magasins

Un magasin	A shop	Une librairie	A book shop
Un centre commercial	A mall	Une bijouterie	A jewelry shop
Une épicerie	A grocery store	Un marché aux puces	A flea market
Une pharmacie	A pharmacy		

Acheter quelque chose

Bon marché	Cheap	Avoir les moyens	To afford
Gratuit	Free	Faire payer	To charge
Cher	Expensive	Rendre la monnaie	To give back the change
Une étiquette	A label, a price tag	Valoir	To be worth
Une réduction, remise	A discount	Marchander, négocier	To bargain, negotiate
Acheter	To buy, to purchase		

Dans le magasin

Une allée	An aisle	La taille d'un vêtement	The cloth size
Un article	An item	Essayer des vêtements	To try on clothes
Un client	A client, a customer	Les heures d'ouverture	The business hours
La caisse	The cash register	Le ticket de caisse	The receipt
La liste de course	The shopping list	Le chariot	The shopping cart
La vitrine	The shop window	Le caissier	The cashier
Le comptoir	The counter	Le vendeur	The salesman
Un sac en plastique	A plastic bag	La file d'attente	The queue
D'occasion	Second-hand	En solde	On sale
Une marque	A brand	L'étagère	The shelf

La météo
The weather

Le temps

L'été	Summer	La météo	The weather forecast
L'hiver	Winter	La station météo	The weather station
Printemps	Spring	Un arc en ciel	A rainbow
Automne	Fall	De la brume	A mist
Le temps	The weather	Du brouillard	A fog
Le soleil	The sun	Une canicule	A heat wave
Un nuage	A cloud	Une goutte de pluie	A raindrop
La pluie	The rain	Un flocon de neige	A snowflake
Le vent	The wind	Une flaque	A puddle
La neige	The snow	Un grêlon	A hailstone
Une tempête	A storm	Un ouragan	A hurricane
Une tornade	A tornado	Un éclair	A lightning bolt
Une sécheresse	A drought	Un crachin	A drizzle
Une innondation	A flood		

Décrire la météo

Pluvieux	Rainy	Chaud	Hot
Ensoleillé	Sunny	Humide	Wet, humid
Orageux	Stormy	Couvert	Overcast
Nuageux	Cloudy	Sec	Dry
Frais	Chilly	Glacé	Freezing
Froid	Cold		

L'environnement
The environment

La nature

Ecosystème	Ecosystem	La couche d'ozone	Ozone layers
Environnement	Environment	Energie fossile	Fossil Energy
Atmosphère	Atmosphere	Ecologique	Eco-friendly
Espèces animales	Animal species	Biologique	Organic
Fonds marins	Ocean beds	L'empreinte carbone	Carbon footprint
Centrale hydraulique	Hydraulic power plant	Espèce disparue	Extinct species
Foret équatoriel	Rainforest	Espèce en voie de disparition	Endangered species
Les sols	The soils	Energie solaire	Solar energy
La vie sauvage	Wildlife	Energie éolienne	Wind energy

Pollution et action de l'homme

Déforestation	Deforestation	Catastrophe écologique	Ecological disaster
Produits chimiques	Chemicals	Marée noire	Oil spill
Gaz à effet de serre	Greenhouse gas	La hausse du niveau de la mer	The rise of sea level
Engrais	Fertilizers		
Centrale nucléaire	Nuclear plant	Polluer	To pollute
Déchets	Trash	Prendre soin de	To take care of
Pétrole	Oil	Recyclage	Recycling
Pénurie	Shortage	Le réchauffement climatique	Global warming
Malsain	Unhealthy	Politique écologique	Environmental policies
Pluie acide	Acid rain	OGM	GMO
		Durable	Sustainable

L'Univers
The Universe

La conquête spatiale

Astronaute	Astronaut	Un propulseur	A thruster
La navette	The shuttle	Un laboratoire	A laboratory
Un OVNI	A UFO (Unknown Flying Object)	Le vol	The flight
Un observatoire	An observatory	Le vaisseau mère	The mothership
Une combinaison spatiale	A space suit	La station spatiale	The Space Station
Une fusée	A rocket	Télescope	Telescope
Une navette spatiale	A space shuttle	Le compte à rebours	The countdown
Un vaisseau spatial	A spaceship		

L'espace

Extraterrestre	Extraterrestrial	Une étoile	A star
Gravité zéro	Zero gravity	Une ceinture d'astéroïde	An asteroid belt
L'espace	Space	Une orbite	An orbit
La comète	The comet	Une planète	A planet
La Lune	The Moon	Une étoile filante	A shooting star
La Terre	The Earth	Une éclipse	An eclipse
La vitesse de la lumière	The speed of light	Les anneaux de Saturne	The rings of Saturn
La voie lactée	The milky way	Le système solaire	The solar system
Le ciel	The sky	L'inconnu	The unknown
Le soleil	The sun	L'azote	Nitrogen
Stellaire	Stellar	Astre	Celestial body
Une année lumière	A light-year	Apesanteur	Weightlessness

Science
Science

Réaliser une expérience

Une expérience	An experiment	Enoncé d'hypothèse	Statement of assumptions
Un essai clinique	A clinical trial	Protocole expérimental	Experimental protocol
Un processus	A process	Collection de données	Data collection
Une découverte	A breakthrough	Traitement de données	Data processing
Une étude	A study	Résultats	Results
Recherche	Research	Interprétations	Interpretations
Une hypothèse	An hypothesis, an assumption	Conclusion	Conclusion

Vocabulaire scientifique

Laboratoire	Laboratory	Un scientifique	A scientist
Article scientifique	Scientific article	Une revue scientifique	A scientific journal
Communauté de chercheurs	Community of researchers	Manipulations génétiques	Genetic engineering
Méthode statistique	Statistical method	Le clonage	Cloning
Microscope	Microscope	Blouse	Lab coat
Poste de travail	Workstation	Champs d'étude	Field of study
Un brevet	A patent	Etuve	Incubator
Un chercheur	A researcher	Formule	Formula
Un physicien	Physicist	Génie	Genius
Un chimiste	A chemist	Généticien	Geneticist
Un phénomène	A phenomenon	Groupe d'experts	Think thank
Un échantillon	A sample		

La santé
Health

Maladie et douleur

Santé	Health	Une allergie	An allergy
Être en mauvaise santé	To be in poor health	Une blessure	A wound
Être malade	To be sick, ill	Une cicatrice	A scar
Avoir mal	To be in pain	Une égratignure	A scratch
Être blessé	To be injured, wounded	Une brûlure	A burn
		Un mal de tête	A headache
Être faible	To be weak	Maux d'estomac	Stomachache
Attraper un rhume	To catch a cold	Un mal de gorge	A sore throat
Avoir de la fièvre	To have a fever	Une carie	A decay
Contagieux	Contagious	Eternuer	To sneeze
Être douloureux	To be painful	Une attaque cardiaque	A heart attack
Une maladie	Une disease		

Se faire soigner

Un hôpital	A hospital	Un remède	A cure
Une clinique	A clinic	Salle d'attente	Waiting room
Un dispensaire	A free clinic	Le cabinet d'un médecin	A practice
Les urgences	The ER (Emergency Room)	Medicaments	Medicines
Se soigner	To treat oneself	Un médecin généraliste	A general practitioner
Examiner	To examine	Une infirmière	A nurse
Prescrire	To prescribe	Être en bonne santé	To be un good health
Guérir	To heal	Se sentir mieux	To feel better
Opérer	To operate	Être convalescent	To be convalescing

Le corps humain (1)
The human body (1)

Haut du corps

Tête	Head	Bras	Arm
Yeux	Eyes	Main	Hand
Nez	Nose	Doigt	Finger
Bouche	Mouth	Avant-bras	Forearm
Oreilles	Ears	Ongles	Nails
Sourcils	Eyebrows	Poitrine	Chest
Front	Forehead	Lèvres	Lips
Menton	Chin	Gencives	Gums
Joues	Cheeks	Cheveux	Hair
Narines	Nostrils	Dent, dents	Tooth, teeth
Cou	Neck	Biceps	Biceps
Epaules	Shoulders		

Le bas du corps

Ventre	Belly	Orteil	Toe
Nombril	Bellybutton	Talon	Heel
Fesse	Buttock	Plante de pied	Foot plant
Jambes	Legs	Abdominaux	Abdominals, abs
Cuisse	Thigh	Paupières	Eyelid
Mollet, mollets	Calf, calves	Pomettes	Cheekbones
Pied, pieds	Foot, feet		

Le corps humain (2)
The human body (2)

Les organes

Cœur	Heart	Peau	Skin
Poumons	Lungs	Prostate	Prostate
Intestins	Bowels	Gorge	Throat
Foie	Liver	Œsophage	Esophagus
Pancreas	Pancreas	Langue	Tong
Vessie	Bladder	Cerveau	Brain
Vésicule billiaire	Gall bladder	Estomac	Stomach
Moelle épinière	Bone marrow	Bronches	Bronchus
Veines	Veins	Uterus	Uterus
Artère	Artery	Colon	Colon
Aorte	Aorta		

Les os et les articulations

Os	Bone	Genou	Knee
Crâne	Skull	Colonne vertébrale	Spine
Mâchoire	Jawline	Côtes	Ribs
Cage thoracique	Rib cage	Tibia	Shin
Phalange	Knuckle	Chevilles	Hankles
Coudes	Elbows	Ligament	Ligament
Poignets	Wrists	Chair	Flesh
Hanche	Hip	Articulation	Joint

Emotions et sentiments
Emotions and feelings

Sentiments positifs

Joyeux	Joyful	Gentil	Nice
Heureux	Happy	Enchanté	Delighted
Enthousiaste	Enthusiastic	Confiant	Confident
Optimiste	Optimistic	Apprécier	To like
Satisfait	Satisfied	Aimer, adorer	To love
Surpris	Surprised	Réconforter	To comfort
Fier	Proud	Sourire	To smile
Emu	Touched	Rire	To laugh
Bienveillant	Kind		

Sentiments négatifs

Effrayé	Scared	Nerveux	Nervous
Triste	Sad	Découragé	Discouraged
Furieux	Furious	Détester	To hate
En colère	Angry	Ne pas apprécier	To dislike
Déçu	Disappointed	Souffrir	To suffer
Epuisé	Exhausted	Pleurer	To cry
Fatigué	Tired	S'inquiéter	To worry
Agressif	Aggressive	Soupirer	To sigh
Pessimiste	Pessimistic	Sangloter	To sob
Ennuyé	Bored	Craindre	To fear
Amer	Bitter	Décevoir	To disappoint

Décrire l'apparence
Describing the looks

Apparence générale

Jeune	Young	Moche	Ugly
Vieux	Old	Beau / Belle	Good-looking
Bien habillé	Well dressed	Avoir la peau pâle	Pale-skinned
Attirant	Attractive	Cicatrice	Scar
Beau	Handsome	Grain de beauté	A mole
Jolie	Pretty	Rides	Wrinkles
Mignon	Cute	Tâches de rousseur	Freckles
D'âge moyen	Middle-aged	Avoir la peau foncée	Dark-skinned

Silhouette

Grand	Tall	Bien bâti	Well-built
Petit	Short	En surpoids	Overweight
Mince	Slim, skinny, thin	De taille moyenne	Medium height
Gros	Fat	Musclé	Muscular, fit
Obèse	Obese		

Les cheveux

Chauve	Bald	Cheveux bouclés	Curly hair
Barbe	Beard	Blond	Blonde
Moustache	Moustache	Brun	Brown haired
Cheveux longs	Long hair	Brune	Brunette
Cheveux courts	Short hair	Roux/rousse	Redhead
Cheveux raides	Straight hair		

Vêtements
Clothes

Vêtements

A la mode	Fashionable, trendy	Une chemise de nuit	A nightgown
Un haut	A top	Pyjama	Pajamas
Un pantalon	Pants, Trousers	Une culotte	Panties
Un jean	A pair of jeans	Une jupe	A skirt
Un manteau	A coat	Une robe	A dress
Un pull	A sweater	Une manche	A sleeve
Un short	Shorts	Une braguette	A zip
Un costume	A suit	Une veste	A jacket
Un smoking	A tuxedo	Une veste en cuir	A leather jacket
Sous-vêtements	Underwear	Du cachemire	Cashmere
Un soutien-gorge	A bra	Une cravate	A tie
Des boucles d'oreilles	Earings	Un nœud papillon	A bow tie
Un jogging	Sweatpants	Attacher sa cravate	To tie one's tie
Un tee-shirt	A t-shirt	Boutonner / Déboutonner	To button (up) / To unbutton
Un tailleur	A tailor	Essayer	To try on
Une casquette	A cap	Porter des vêtements	To wear clothes

Matières

Soie	Silk	Dentelle	Lace
Coton	Cotton	Du tissu	Cloth, fabric
Cuir	Leather	Velours	Velvet

La personnalité
Personality

Qualités

Sur de soi	Confident	Sociable	Outgoing
Sensible	Sensitive	Prudent	Cautious
Calme	Calm	Timide	Shy
Joyeux	Cheerful	Introverti	Introverted
Généreux	Generous	Extraverti	Extroverted
Gentil	Kind, nice	Facile à vivre	Easy-going
Sérieux	Serious	Poli	Polite
Honnête	Honest	Drôle	Fun
Travailleur, bosseur	Hard-working	Fin d'esprit	Witty
Ingénieux, intelligent	Clever	Modeste	Modest
Intelligent	Smart	Courageux	Brave

Défauts

Impétueux	Hot-headed	Arrogant	Arrogant
Impulsif	Impulsive	Snob	Snobbish
Méchant	Mean	Stupide	Stupid
Fou	Crazy	Vulgaire, mal-élevé	Rude
Malhonnête	Dishonest	Insolent	Cheeky
Soupe-au-lait	Moody	Lâche	Coward
Paresseux	Lazy		

La famille
Family

Les membres de la famille

Père	Father	Demi-frère (pas de lien biologique)	Stepbrother
Mère	Mother	Demi-sœur (pas de lien biologique)	Stepsister
Frère	Brother		
Sœur	Sister	Demi-frère (lien biologique)	Half-brother
Papa	Dad	Demi-soeur (lien biologique)	Half-sister
Maman	Mom	Oncle	Uncle
Grand-père	Grandfather	Tante	Aunt
Grand-mère	Grandmother	Nièce	Niece
Papy	Grandpa	Neveu	Nephew
Mamie	Grandma	Cousin	Cousin
Petit-fils	Grandson	Belle-mère (mère conjoint)	Mother-in-law
Petite-fille	Granddaughter	Beau-père (père conjoint)	Father-in-law
Parents	Parents	Beaux-parents	In-laws
Adultes	Adults, Grown-ups	Belle-mère (conjointe d'un parent)	Stepmother
Petit-enfant	Grandchild	Beau-père (conjoint d'un parent)	Stepfather
Petits-enfants	Grandchildren	Gendre	Son-in-law
Arrière-grand père	Great grandfather	Beau-frère	Brother-in-law
Arrière-grand-mère	Great grandmother	Belle-sœur	Sister-in-law
Fils	Son	Parrain	Godfather
Fille	Daughter	Marraine	Godmother
Un enfant	Child	Filleul(e)	Godchild
Des enfants	Children	Frère et sœur	Siblings
Un bébé	A baby	Une personne de la famille	A relative
Des bébés	Babies	Enfant unique	Only child
Bambin	Toddler	Jumeaux	Twins

L'amour
Love

Amour et relations

Un cœur	A heart	Âme sœur	Soul mates
Un bisou	A kiss	Le grand amour	True love
Un câlin	A hug	Un couple	A couple
Une histoire d'amour	A love story	Tomber amoureux	To fall in love
Une lettre d'amour	A love letter	Flirter	To flirt
Une carte de Saint Valentin	A Valentine card	Être amoureux	To be in love
Un partenaire	A partner	Séduire	To seduce
Chéri	Darling, sweetheart, honey	Tromper	To cheat
		Sortir avec quelqu'un	To date
Je t'aime	I love you	Petit-ami	Boyfriend
Romantique	Romantic	Petite-amie	Girlfriend
Amour platonique	Platonic love		
Le premier amour	First love		

Le mariage

Une proposition en mariage	A marriage proposal	Le jeune marié	The groom
Un mari	A husband	La jeune mariée	The bride
Une femme	A wife	Les jeunes mariés	the newlyweds
Une alliance	A wedding ring	Les demoiselles d'honneur	Bridesmaid
Un / une fiancé(e)	A fiancé	La demoiselle d'honneur	The maid of honor
Être fiancé	To be engaged	Le témoin du marié	The best man
Un mariage	A wedding	Divorcé	Divorced
Une lune de miel	A honeymoon	Des fiançailles	An engagement

Les bébés
Babies

Grossesse et accouchement

La naissance	The birth, childbirth	Être en travail	To be in labor
Accoucher	To give birth	Une césarienne	A caesarean section (c-section)
L'accouchement	The delivery	L'utérus	The womb
Une femme enceinte	An expecting mother	Embryon	Embryo
Grossesse	Pregnancy	Marcher à quatre pattes	Crawl
Être enceinte	To be pregnant	Le travail (accouchement)	Labor
Une fausse couche	A miscarriage		
Un congé maternité	A maternity leave	Mère porteuse	A surrogate
Des contractions	Contractions	Une insémination artificielle	Artificial insemination
Un avortement	An abortion	Sage-femme	Midwife
		Gynécologue	Gynecologist

Bébé

Un nouveau-né	A new-born	Adopter	To adopt
Une tétine	A pacifier	Bercer	Rock
Un berceau	A crib	Un biberon	A bottle
Table à langer	A changing table	Des couches	Diapers
Un hochet	A rattle	Une sieste	A nap
Un anneau de dentition	A teething ring	Un ours en peluche	A teddy bear
Nourrisson	Infant	Un bavoir	Bib, drooler
Berceuse	Lullaby	Un prématuré	A premature baby (a preemie)
Crèche	Day care	Allaiter	To breastfeed
Grandir	Grow up	Lait maternisé	Formula

La fin de vie
The end of life

La vieillesse

Les personnes âgées	The elderly	Vieillir	To grow old
Personne du 3e âge	Senior citizen	Vieux	Old
Maison de retraite	Old people's home	Prendre sa retraite	To retire
L'espérance de vie	Life expectancy	Un retraité	A pensioner
Sage	Wise		

Le décès

Veuve / Veuf	Widow / Widower	Mourir	To die
Mort	Death	Incinérer	To cremate
Funérailles	Funeral	Enterrer	To bury
Tombe	A grave	Une morgue	A mortuary
Être en deuil	To be in mourning	Un certificat de décès	A death certificate
Un héritier	An heir	Les cendres	Ashes
Un cimetière	A cemetery	Qu'il repose en paix	May he rest in peace
Un cercueil	A coffin	Le cortège funèbre	The funeral procession
Décédé	Deceased	Un testament	A will
Hériter	To inherit	Condoléances	Condolences
Un héritage	An inheritance	Mes plus sincères condoléances	My deepest condolences

Les loisirs
Hobbies

Loisirs en intérieur

Loisir	Leisure	Faire de la peinture	Painting
Lire	Reading	Faire de la poterie	Pottery
Regarde la télévision	Watching television	Faire de la sculpture	Sculpting
Faire de la danse	Dancing	Faire de la photographie	Photography
Jouer aux jeux vidéos	Playing video games	Faire des maquettes	Making models
Jouer aux jeux de société	Playing board games	Jouer aux échecs	Playing chess
Ecouter de la musique	Listening to music	Jouer aux dames	Playing checkers
Faire du tricot	Knitting	Jouer aux cartes	Playing cards
Faire de la couture	Sewing	Jouer aux fléchettes	Playing darts
Cuisiner	Cooking	Jouer aux dés	Playing dice
Faire de la patisserie	Baking	Jouer d'un instrument	Playing musical instrument
Faire du dessin	Drawing	Faire de la broderie	Embroidering
Ecriture	Writing	Chanter	Singing

Loisirs en extérieur

Aller au cinema	Going to the movies	Pêcher	Fishing
Aller au théâtre	Going to the theater	Faire de la chasse	Hunting
Jardiner	Gardening	Faire du skate	Skating

Le sport
Sport

Les différents sports

Course à pieds	Running	Tennis	Tennis
Football	Soccer	La boxe	Boxing
L'équitation	Horseback ridding	L'escalade	Rock climbing
Natation	Swimming	Handball	Handball
Rugby	Rugby	Basket	Basketball
Vélo	Cycling		

Faire du sport

Le sport	Sport	Coupe du monde	World cup
Battre un record	To beat a record	La mi-temps	Half-time
Faire de l'exercice	To exercise, to work out	La victoire	The victory
Faire de la musculation	Do weight training	Un adversaire	An opponent
S'étirer	To stretch	Le joueur	The player
Match nul	Draw, Tie	S'échauffer	To warm up
Gagner	To win	Un coéquipîer	A teammate
Perdre	To loose	Un trophée	A trophy
Marquer un but	To score	Une coupe	A cup
L'arbitre	The referee	Une course	A race
L'entrainement	Training	Une raquette	A racket
La compétition	Competition	Des baskets	Trainers
Tournoi	Tournament	L'entraineur	The trainer, coach
Championnat	Championship		

Musique
Music

Les musiciens

Les musiciens	Musicians	Un compositeur	A composer
Un batteur	A drummer	Un duo	A duet
Un orchestre	An orchestra	Un guitariste	A guitarist
Un quatuor à cordes	A string quartet	Un pianiste	A pianist
Un bassiste	A bass player, a bassist	Un trompettiste	A trumpet player
Un chanteur	A singer	Une fanfare	A brass band

Jouer de la musique

L'harmonie	The harmony	Un casque audio	Headphones
La scène	The stage	Un micro	A mic, microphone
La voix	The voice	Un morceau	A track
Le chant	Singing	Un studio d'enregistrement	A recording studio
Le public	The audience	Une chanson	A song
Le rythme	The rhythm	Une mélodie	A melody, a tune
Le solfège	Music theory	Une partition	A score
Les paroles	The lyrics	Une touche	A key
Un accord	A chord	Une tournée	A tour
Un concert	A concert	Une répétition	A rehearsal
Un disque	A record	Une table de mixage	A mixing deck
Un enregistrement	A recording		

Instruments de musique
Music instruments

Les instruments de musique

Une harpe	A harp	Les cuivres	Copper instrument
Un tambour	A drum	Instrument à vent	Wind instrument
Une batterie	Drums	Un hautbois	A oboe
Piano	Piano	Musique classique	Classical music
Un violon	A violin	Musique électronique	Electro music
Une flûte	A flute	Une chanson d'amour	A love song
Un violoncelle	A cello	Une symphonie	A symphony
Une guitare	A guitar	Musique country	Country music
Un accordéon	An accordion	Musique rock	Rock music
Une guitare électrique	An electric guitar	Musique contemporaine	Contemporary music
Une trompette	A trumpet	Un cor d'harmonie	A French horn
Une contrebasse	A double bass	Un orgue	An organ
Une clarinette	A clarinet	Un piano à queue	A grand piano
Une guitare accoustique	An acoustic guitar	Un tambourin	A tambourine
Instrument à cordes	String instrument	Une cornemuse	A bagpipe
Les bois	Wood instrument	Des cymbales	Cymbals

Le cinéma
Cinema

Tourner un film

Jouer la comédie	Acting	La prise de vue	The filming
L'industrie cinématographique	The film industry	Les bruitages	Sound effects
L'intrigue	The plot	Les coulisses	Backstage
Bande annonce	Trailer	Effet spéciaux	Special effects
La lumière	The light	Sosu-titres	Subtitles
Le cadrage	The framing	On tourne !	Action !
Attribution des rôles	Casting	Coupé !	Cut !
Générique de fin	End credits	Court-métrage	Short film
Montage	Editing	Un plateau de tournage	A film set
Montage final	Final cut	Un projection	A screening
Personnage principal	Main character	Une suite	A sequel
Le tournage	The shooting		

L'équipe de tournage

Cascadeur	Stuntman	Un producteur exécutif	An executive producer
Rôle principal	Lead role	Une équipe de tournage	A shooting team
Un monteur	An editor	Une étoile montante	A rising star
Un réalisateur	A director	Les acteurs	The actors
Un scénariste	A screenwriter	Une vedette	A movie star
Un producteur	A producer	La distribution	The cast

Littérature
Literature

Le livre

Un roman	A novel	Roman à suspense	Thriller
Un romancier	A novelist	Retournement de situation	Plot twist
Un écrivain	A writer	Ouvrage, œuvre	Work
L'histoire	The story	Narrateur	Narrator
Le titre	The title	Traits de caractères	Character traits
Le lecteur	The reader	Une métaphore	A metaphor
Littérature	Literature	Une phrase	A sentence
Auteur	Author	Dépeindre	To portray
Personnage	Character	S'identifier à un personnage	To identify with a character
Un chapitre	A chapter	Ecrit par	Written by
Personnage principal	Main character	Faire une comparaison	To draw a comparison
Expression	Phrase		
Intrigue	Plot	Citer le texte	To quote from the text
Editeur	Publisher	Publier	To publish
Histoire d'amour	Romance	Résumer	To summarize
Nouvelle	Short story	Se dérouler	To take place in

Le théâtre et la poésie

Poésie	Poetry	Un vers	A line
Une pièce de théâtre	A play	Un discours	A speech
Un sonnet	A sonnet	Un monologue	A monologue
Didascalie	Stage-direction	Rôle	Part

Les contes de fée
Fairy tales

L'univers des contes de fée

Jeter un sort	To cast a spell	Baguette	Wand
Une sorcière	A witch	Sorcier	Wizard
Dragon	Dragon	Troll	Troll
Rêve	Dream	Loup-garou	Werewolf
Nain	Dwarf	Surnaturel	Supernatural
Enchanté	Enchanted	Château	Castle
Fée	Fairy	Ogre	Ogre
Grenouille	Frog	Géant	Giant
Crapaux	Toad	Vampire	Vampire
Un méchant	A villain	Chat noir	Black cat
Monstre	Monster	Manche à balai	Broomstick
Sirène	Mermaid	Sortilège	Magic spell
Fantôme	Ghost, phantom	Potion magic	Magic potion
Cauchemar	Nightmare	Légende	Legend
Prince charmant	Prince charming	Lutin	Elf
Princesse	Princess	Chouette	Owl
Anneau	Ring	Maison hantée	Haunted house
Histoire	Story		

Voyager
Travelling

Les transports

Un train	A train	Une destination	A destination
Réserver une voiture	To rent a car	Une croisière	A cruise
Faire du stop	To hitchhike	Un membre d'équipage	A crew member
Un bateau	A boat	Classe économique	Economy class
Le métro	The subway	Classe affaire	Business class
Un vol	A flight	Première classe	First class
Un aller simple	A one way ticket	Un bagage à main	A carry-on luggage

En vacances

Voyage	Travel, trip	Faire du tourisme	To go sightseeing
Hôtel	Hotel	Un voyage d'affaire	A business trip
Une auberge de jeunesse	A youth hostel	Réserver	To book
Réserver une chambre	To book a room	Confirmer une réservation	To confirm a reservation
Arrivée (à l'hôtel)	Check in	Passeport	Passport
Départ (à l'hôtel)	Check out	Un appareil photo	A camera
Vacances	Vacations	Une carte	A map
Un jour férié	A bank holiday	Les bagages	Luggage
Demi pension	Half-board	La devise	The currency
Pension complète	Full board	A l'étranger	Abroad
Des congés payés	Some paid vacation	Une visite	A visit
Une agence de voyage	A travel agency	Une auberge	An inn

31

Les pays du monde
Countries of the World

Les pays du monde

France	France	Turquie	Turkey
Royaume - Uni	United Kingdom	Estonie	Estonia
Pays de Galles	Wales	Lettonie	Latvia
Ecosse	Scotland	Lituanie	Lthuania
Irlande	Ireland	Danemark	Denmark
Allemagne	Germany	République Tchèque	Czech Republic
Suisse	Switzerland	Chine	China
Espagne	Spain	Japon	Japan
Italie	Italy	Corée du Sud	South Korea
Suède	Sweden	Corée du Nord	North Korea
Finlande	Finland	Maroc	Morocco
Norvège	Norway	Egypte	Egypt
Russie	Russia	Brésil	Brazil
Mongolie	Mongolia	Lybie	Libya
Pologne	Poland	Inde	India
Roumanie	Roumania	Australie	Australia
Hongrie	Hungary	Nouvelle Zélande	New Zealand
Autriche	Austria	Afrique du sud	South Africa
Bulgarie	Bulgaria	Etats-Unis	United States
Islande	Iceland	Mexique	Mexico
Slovaquie	Slovakia	Argentine	Argentina
Canada	Canada	Venezuela	Venezuela
Colombie	Colombia	Arabie Saoudite	Saudi Arabia

Nationalités
Nationalities

Nationalités

Français	French	Turque	Turkish
Anglais	British	Estonien	Estonian
Gallois	Welsh	Letton	Latvian
Ecossais	Scottish	Lituanien	Lithuanian
Irlandais	Irish	Danois	Danish
Allemand	German	Tchèque	Czech
Suisse	Swiss	Chinois	Chinese
Espagnol	Spaniard	Japonais	Japanese
Italien	Italian	Sud Coréen	South Korean
Suèdois	Swedish	Nord Coréen	North Korean
Finlandais	Finnish	Marocain	Moroccan
Norvègien	Norwegian	Egyptien	Egyptian
Russe	Russian	Brésilien	Brazilian
Mongole	Mongolian	Lybien	Libyan
Polonais	Polish	Indien	Indian
Roumain	Romanian	Australien	Australian
Hongrois	Hungarian	Néo-Zélandais	New Zealander
Autrichien	Austrian	Sud-Africain	South African
Bulgare	Bulgarian	Américain	American
Islandais	Icelandic	Mexicain	Mexican
Slovaque	Slovakian		

Donner son avis
Give your opinion

Exprimer son opinion

Personnellement	Personally	Le bruit court que	Rumor has it that
Pour être tout à fait honnête	To be quite honest	Je n'ai aucun doute que	I have no doubt that
Pour moi	For me	Je me rend compte que	I realize that
Quant à moi	As to me	N'importe quoi !	Nonsense !
A mon avis	In my opinion	Dire n'importe quoi	To talk nonsense
D'après mon expérience	In my experience	Je parie que	I bet that
De manière générale je pense que	Generally speaking, I think	A mon humble avis	In my humble opinion
De mon point de vue	From my point of view	Ce que je veux dire c'est que	What I mean is
Franchement	Frankly	En ce qui me concerne	As far as I'm concerned
Honnêtement	Honestly	J'en déduit que	I gather that
Il va sans dire que	It goes without saying that	Je considère que	I consider
J'ai le sentiment que	I got the feeling that	Je crois que	I believe that
J'admet que	I admit that	Je suis convaincu	I'm convinced that
J'aimerais souligner que	I'd like to point out that	Mon impression est que	My impression is that
J'imagine que	I guess that	Si vous me demandez	If you ask me
Je suis profondément convaincu que	I'm utterly convinced that	Vous savez ce que je pense ?	You know what I think
La façon dont je vois les choses	The way I see it		

A l'école
At school

A l'école

La récréation, la pause	The break	Elève	Pupil
Ecrire	To write	Maternelle	Kindergarten
Agrafer	To staple	Ecole primaire	Primary school
La salle de classe	The classroom	Collège	Middle school
Maitresse d'école	The teacher	Lycée	High school
Les devoirs	The homework		

Les fournitures

Crayon à papier	Pencil	Un livre	A book
Règle	Ruler	Une ardoise	A slate
Ciseaux	Scissors	Une agrafeuse	A stapler
Feutre	marker	Un cahier	A notebook
Effacer, gommer	To erase	Du scotch	Some tape
Une gomme	An eraser, a rubber	Un bureau	A desk
Taille-crayon	Pencil sharpener	Une chaise	A chair
Une calculatrice	A calculator	Une corbeille	A bin
Crayons de couleurs	Crayons	Un trombone	A paperclip
Colle	Glue	Une horloge	A clock
Surligneur	Highlighter	Baton de craie	Chalk stick
Un classeur	A binder	Tableau	Blackboard
Une feuille de papier	A sheet of paper	Un cartable	A backpack

A l'Université
At University

Le cursus scolaire

Trimestre	Term	Une maitrise	A master's degree
Semestre	Semester	Un professeur d'université	A professor
Emploi du temps	Timetable	Une université	A university / A college
Matière	Subject		
Une licence	A bachelor degree	Un établissement d'enseignement professionnel	A vocational school
Un programme	A syllabus		
Un diplôme	A degree	Un étudiant qui n'a pas encore sa licence	An undergraduate student
Un proviseur	Headmaster	Un étudiant	A student
		Thèse	Thesis
		Doctorat	PhD

La vie à l'Université

Inscription aux cours	Registration	Etudiant de 3e année	Junior
Abandonner l'école	To drop out	Etudiant de 4e année	Senior
Rater un examen	To fail an exam	Cours magistral	A lecture
Réussir un examen	To pass an exam	Dortoir universitaire	Dorms
Sécher un cours	To skip a class	Amphithéâtre	Lecture hall
Frais de scolarité	Tuition fees	Etudiant de troisième cycle	Post graduate
Rédaction	An essay	Prêt étudiant	Student loan
Remise de diplôme	Graduation ceremony	Casier	Locker
Etudiant de première année	Freshman	Campus universitaire	University campus
Etudiant de deuxième année	Sophomore	Livre scolaire	Textbook

Métiers
Professions

Métiers et professions

Un policier	A policeman, A police officer, a cop	Maçon	Builder
Pompier	Fireman; Firefighter	Professeur	Teacher
Plombier	Plumber	Hôtesse de l'air	Flight attendant
Médecin	Doctor	Boucher	Butcher
Infirmière	Nurse	Concierge	Janitor
Vétérinaire	Vet	Mécanicien auto	Mechanic
Avocat	Lawyer	Homme d'affaires	Businessman
Journaliste	Journalist, reporter1	Secrétaire	Secretary
Agriculteur	Farmer	Bibliothécaire	Librarian
Agent immobilier	Real estate agent	Marin	Sailor
Boulanger	Baker	Ouvrier	Worker
Charpentier	Carpenter	Secouriste	First-Aid Worker
Coiffeur	Hairdresser	Cordonnier	Shoemaker
Ingénieur	Engineer	Bûcheron	Logger
Menuisier	Woodworker	Serveur	Waiter
Sage-femme	Midwife	Cadre	Executive
Soldat	Soldier	Trader	Trader
Scientifique	Scientist	Analyste	Analyst
Traducteur	Translator	Bibliothécaire	Librarian
Traiteur	Caterer	Facteur	Postman
Pilote d'avion	Pilot	Routier	Trucker
Psychiatre	Psychiatrist	Editeur	Publisher
Pharmacien	Pharmacist		

L'entreprise (1)
Business (1)

Diriger une entreprise

Le conseil d'administration	The board of directors	Une société	A company
Une succursale	A branch	La direction	Management
Créer une entreprise	Found, establish a business	Gérer, diriger	To manage
		Investir	To invest
Banqueroute	Bankruptcy	Subventionner	To subsidize
La croissance	Growth		

Les opérations

Traiter, opérer	To process	Un inventaire, stock	An inventory
Distribution, livraison	Delivery	Les ventes	The sales
Recouvrement de créance	Debt collection	Acheter en gros	To buy in bulk
Un entrepot	A warehouse	Un canal de distribution	A channel of distribution
Une chaine de montage	An assembly line	Les biens	The goods
Une usine	A factory	Un remboursement	A refund
Un service	A department	Faire de la publicité	To advertise
Paiement	Payment	Une campagne publicitaire	An advertising campaign
Un produit	A product	Le service après-vente	The after-sale service
Les marchandises	The merchandise		
Devoir (à quelqu'un)	To owe	Emprunter	To borrow
Posséder	To own	Vente directe	Direct marketing
L'emballage	The packaging	Equipement commercial	Retail facilities

L'entreprise (2)
Business (2)

Relations commerciales

Un client	A customer	Le commerce extérieur	Foreign trade
Un créancier	A creditor	Rompre un contrat	To break a contract
Un rachat d'entreprise	An acquisition	Relations d'affaire	Business relations
Une fusion	A merger	Faire du réseautage	Networking
Une facture	A bill, an invoice	Réaliser un contrat	To honor a contract
Le commerce intérieur	Domestic trade	Echanger	To exchange

L'offre et la demande

Fournir	To supply, to provide	Une étude de marché	A market survey
Une affaire	A bargain	Une offre	An offer
Le commerce	Trade	Veille économique	Business intelligence
Part de marché	Market share	Un acheteur	A buyer
Le marché	The market	Une commande	An order

Les salariés

Salaire	Salary	Renforcement d'équipe	Team building
Un syndicat	A trade union	Heures ouvrables	Business hours
Un consultant	A consultant	Paie	Payroll
Un employé	An employee	Un représentant	A commercial traveler
Licenciement	Lay-off		

En réunion
In a meeting

Organiser une réunion

Une réunion	A meeting	Avancer une réunion	To move up a meeting
Programmer une réunion	To schedule a meeting	Annuler une réunion	To cancel a meeting
Compte-rendu de réunion	A minute	Salle de réunion	A conference room
Reporter	To adjourn	Une présentation	A presentation
Ordre du jour	Agenda	Des diaporamas	Some slides
Assister à une réunion	To attend a meeting	Une date limite	A deadline
Avoir une réunion	To have a reunion	Procuration	Proxy vote
Tenir une réunion	To hold a reunion		

Animer une réunion

Résumer	To sum up	Assigner une tâche à quelqu'un	To assign
Conclure	To wrap up	Etre d'accord	To agree
Animer une réunion	To run / to lead a meeting	Etre en désaccord	To disagree
Retour sur la réunion	Feedback on the meeting	Intervenir	To intervene
Revoir	To go over	Contester	To contest
Voter à main levée	Show of hands	Débattre	To debate
Un remue-méninge	A brainstorm	Présenter	To present
Proposer	To submit	Démontrer	To demonstrate

Informatique et internet
Computers and internet

Matériel informatique

Ordinateur	Computer	Une clé USB	A flash drive
Ecran d'ordinateur	Computer screen	Un disque dur	A hard drive
Un clavier	A keyboard	Une carte graphique	A graphics card
Un ordinateur de bureau	A desktop computer	Un processeur	A processor
Un ordinateur portable	A laptop	Une carte mère	A motherboard
Un économiseur d'écran	A screen saver	Une imprimante	A printer
Une souris d'ordinateur	A mouse	Un logiciel	A software
Sans fil	Wireless	Fibre optique	Fiber optic

Internet

Pirater	To hack	Naviguer	To navigate
Un virus	A computer virus	Une base de données	A database
Boite mail	A mail box	Télécharger	To download
Envoyer un email	To send an email	Intelligence artificielle	Artificial intelligence
Répondre à un email	To reply to an email	Paiement sans contact	Contactless payment
Transférer un email	To forward an email	Une application de smartphone	A phone app
Une adresse web	A web address	Un téléphone portable	A cell phone
Enregistrer un document	To save a file	Repérage GPS	GPS tracking
Un navigateur web	A web browser	Se connecter	To log in
Un mot de passe	A password		

La comptabilité
Accounting

Le bilan

Un comptable	An accountant, a book-keeper	Débiteur	Debtor
Un auditeur	An auditor	Un actif financier	A financial asset
Un bilan	A balance sheet	Un actif circulant	A current asset
Un actif	An asset	Actif immobilisé	Fixed asset
Un budget	A budget	Amortissement des immobilisations corporelles	Depreciation
Impôt	Tax	Amortissement des immobilisations incorporelles	Amortization
La dette	The debt	Capitaux propres	Equity

Le compte de résultat

Un compte de résultat	An income statement, A Profit & Loss	La marge opérationnelle	The operating margin
Le chiffre d'affaires	The revenues	Les achats	A purchases
Charges	Expenses	Une perte	A loss
Charges payés d'avance	Prepaid expenses	La marge	The margin
Produits à recevoir	Accruals	Bénéfice	Income
Clients et effets à recevoir	Accounts and note receivables	Un compte	an account
Déclaration de TVA	VTA assessment	Clôture	Closing
Les coûts	The costs		

Marketing
Marketing

Marketing traditionnel

Une enquête	A survey	Cannibalisation	Cannibalization
Un groupe d'étude	A focus group	Comportement consommateur	Consumer behavior
Un panel de consommateurs	A consumer panel	Avantage concurrentiel	Competitive advantage
Une tendance	A trend	Gamme de produit	Product range
Une enquête de satisfaction	A customer satisfaction survey	Image de marque	Brand image
Une étude sur le comportement consommateur	A customer research	Lancement d'un produit	Product launch
		Un échantillon	A sample
Une part de marché	A market share	Produit poids mort	A dog
Un marché cible	A target market	Produit vache à lait	Cash cow
Une étude de marché	A market research	Produit de grande consommation	Consumer product
L'implantation du marché	The market penetration	Prix de référence	Reference price
Le chef de file du marché	A market leader	Un marché de niche	A niche market
Un suiveur de marché	A market follower		

Les métiers du marketing

Un directeur marketing	A marketing director	Un chef de marque	A brand manager
Un responsable communication	A communication manager	Un développeur web	A web developer

Web Marketing

Une bannière web	A banner	Un site internet	A website
Une page d'accueil	A landing page	Réseaux sociaux	Social media
Un lien sponsorisé	A sponsored ad	Marketing viral	Viral marketing
Un mot clé	A keyword	Optimisation de moteur de recherche	Search engine optimizing

Au bureau
At the office

Le travail

Une carrière	A career	Un cadre	An executive
Les conditions de travail	Working conditions	Un employé	An employee
Un entretien d'embauche	A job interview	Un intérimaire	A temporary worker, a temp
Les heures de bureau	Office hours	Un stagiaire	A trainee
La main d'œuvre	The workforce	Un bureau	An office
Une offre d'emploi	A job offer	Un restaurant d'entreprise	A staff canteen
Une profession	An occupation		
Une qualification / compétence	A skill	Esprit d'équipe	Team spirit
Un stage	An internship	Salaire annuel brut	Gross annual salary
Un syndicat	A union	Salaire annuel net	Net annual salary
Sans emploi	Unemployed	Poste à pourvoir	Job vacancy
		Prendre un jour de congés	Take a day off

Verbes utiles

Emchaucher	To hire	Faire des heures supplémentaires	To work overtime
Postuler à un emploi	To apply for a job	Prendre sa retraite	To retire
Etre responsable de	To be in charge of	Renvoyer	To fire
Démissioner	To resign	Travailler à temps partiel	To work part-time
Aller au travail	To go to work	Travailler à temps plein	To work full time
Avoir une longue journée	To work long hours	Gagner sa vie	To earn a living
Être en grève	To be on strike		

Loi et justice
Law and justice

Le jugement

Un dossier, un procès	A case, a trial	Salle d'audience	The courtroom
Peine capitale	Capital punishment	Légitime défense	Self-defense
Une peine	A sentence	Mise en liberté	Release from custody
Des aveux	Confession	Présomption d'innocence	Presumption of innocence
Des circonstances aggravantes	Aggravating circumstances	Réclusion à perpétuité	Life imprisonment
Empreintes digitales	Fingerprints	Droit civil	Civil law
ADN	DNA	Droit commun	Common law
En fuite	On the run	Droit pénal	Criminal law
Entrave à la justice	Obstruction of justice	Le verdict	The verdict
Un tribunal	A court	Sous serment	Under oath
Inculpé	Charged	Un acquittement	An acquittal
L'annulation du jugement	A mistrial	Un faux témoignage	Perjury
Audience préliminaire	The preliminary hearing	Mandat de perquisition	A search warrant

Verbes utiles

Accuser	To accuse	Poursuivre en justice	To prosecute
Acquitter	To acquit	Promulguer une loi	To enact
Faire appel	To appeal	Condamner	To condemn

Les protagonistes

Un avocat	A lawyer, an attorney	Un jury	A jury
Un juge	A judge	Innocent	Innocent
Un condamné	A convict	Coupable	Guilty
Défenseur	Defendant	Le coupable	The culprit

L'industrie
The industry

L'industrie

Atelier	Workshop	Fabrique	Factory
Assembler	To assemble	Fabrication à la commande	Make-to-order
Ilot de production	Production cell	Fabrication sur stock	Make-to-stock
Chaine d'assemblage	Assembly line	Fabriquer	To manufacture
Chaine de production	Production line	Fiabilité	Reliability
Conception de produit	Product design	Indice de production	Production index
Contrôle de la qualité	Quality control	Industrie lourde	Smokestack industry
Coût de fabrication	Manufacturing cost	Industrie agroalimentaire	The food industry
Coût de production	Production cost		
Coût de main d'œuvre	Labor cost	L'industrie automobile	The motor industry
Stockage	Storage	L'industrie du pétrole	The oil industry
Coûts d'exploitation	Operating expenses	Manutention	Handling
		La production en série	Mass production
Cycle de production	Production cycle	La sidérurgie	The steel industry
Gaspiller	To waste	Le rendement	The output
Surproduire	Overproduce	Logistique	Logistics
Réapprovisionnement	Replenishment	Matière première	Raw materials
Fabriqué en…	Made in …	Normes	Standards
En panne	Out of service	Panneau de commande	Switchboard
En-cours	Work in progress	Pièce détachée	Spare parts
L'ingénierie	Engineering	Productivité	Productivity
Entrepôt	Warehouse	Prototype	Prototype
Entrepreneur	Contractor	Rationaliser / simplifier	Streamline
Equipe de travail	Shift	Taille de lot	Batch size
Equipement	Equipment	Un industriel	An industrialist
Expédition	Shipping	Un défaut	A defect

L'agriculture
Agriculture

L'agriculture

La ferme	The farm	Une rizière	A rice field
Une étable	A barn	Une charrue	A plow
Un éleveur	breeder	Une graine	A seed
Un éleveur de bétail	A cattle breeder	Une bergerie	A sheep pen
Un vacher	A cowboy	Un berger	A shepherd
Un agriculteur	A farmer	Une écurie	A stable
Un ouvrier agricole	A farm worker	Un vignoble	A vineyard
Une vache laitière	A dairy cow	Un tracteur	A tractor
Un corps de ferme	A farmhouse	Un puit	A well
Un champs	A field	Un verger	An orchard
Un pisciculteur	A fish farmer	L'élevage en batterie	Battery farming
Une serre	A greenhouse	Les produits laitiers	Dairy products
Un sillon	A groove	Jachère	Fallow land
Une moisson, une récolte	A harvest	Le fumier	Manure
Un poulailler	A henhouse	Traire une vache	Milk a cow
Un troupeau	A herd	OGM	GMO
Un pré	A meadow	Le blé	The wheat
Un moulin	A mill	Elever	To raise
Un pâturage	A pasture	Pourrir	To rot
Une meule	A millstone	Mûrir	To ripe

Argent, banque et finance
Money, bank and finance

La banque

Une banque	A bank	Changer de l'argent	To change money
Employé de banque	Bank clerk	Economiser	To save
Un prêt	A loan	Des économies	Savings
Demander un prêt	To apply for a loan	Ouvrir un compte auprès de	To open an account with
Encaisser un chèque	To cash a check	Payer en espèce	To pay cash
Emprunter	To borrow	Une carte de crédit	A credit card
Etre dans le rouge	To be in the red	Un découvert	An overdraft
Déposer de l'argent en banque	To deposit	Un compte en banque	A bank account
Faire un chèque	To write a check	Un relevé bancaire	A bank statement
Faire crédit à quelqu'un	To give somebody credit	Un virement bancaire	A bank transfer
Accorder un prêt	To grant a loan	Taux d'intérêt	Interest rate
Retirer de l'argent	To withdraw money	Prêt immobilier	Mortgage

La finance

Un courtier	A broker	Bureau de change	Foreign Exchange office
Un analyste financier	A financial analyst	Cours d'ouverture	Opening price
La bourse	Stock Exchange	Cours de fermeture	Closing price
Investir	To invest	Contrat d'achat d'action	Share purchase agreement
Jouer en bourse	To speculate	Acheter des actions	To purchase shares
Taux de change	Exchange rate	Une obligation	A bond

La politique
Politics

Une élection

Un scrutin	A ballot	Démocratie	Democracy
Une candidature	A candidacy	Un sondage d'opinion	An opinion poll
Un candidat	A candidate	Voter	To vote
Une élection	An election	Un citoyen	A citizen

Diriger un pays

Le gouvernement	The government	Un porte-parole	A spokesman
Un minstère	A ministry	Un ministre	A minister
Une nation	A nation	Premier ministre	Prime minister
Parlement	Parliament	Vice Président	VP (Vice president)
Un parti	A party	Première dame	First Lady
Politique (adjectif)	Political	Un Sénateur	A senator
Une politique	A policy	Le Senat	The Senate
Un député	A deputy	Le Congrès	The Congress
Un dirigeant	A leader	Un royaume	A kingdom
Un maire	A mayor	Un empire	An empire
De gauche	Left-wing	Un monarque	A monarch
De droite	Right-wing	Un dictateur	A dictator
Un président	A president	Le pouvoir	The power
Un secrétaire d'état	A state secretary	Un référundum	A referendum
Un état	A state	Un démocrate	A democrat
Un comté	A county	Un républicain	A republican

Géopolitique
Geopolitics

Diplomatie

La géopolitique	Geopolitics	Le parlement européen	The European parliament
Diplomatique	Diplomatic	Le prix nobel de la paix	The Nobel peace prize
Etranger	Foreign	Les affaires étrangères	Foreign affairs
Tiers-monde	Third world	Les pays en voie de développement	Developing countries
Ambassade	Embassy		
Espionnage	Espionage, spying	Les pays émergents	Emerging countries
L'hymne national	National anthem	Un accord	An agreement
L'occident	The west	Un allié	An ally
L'orient	The east	Un ambassadeur	An ambassador
La sécurité nationale	National security	Un pacte de non agression	Non-agression pact
Imperialisme	Imperialism	Service de renseignement	intelligence service
La souveraineté	Sovereignty		
		Un traité	A treaty
		Coopérer	To cooperate

Organisations internationales

L'ONU	UN, United Nations	L'Union européenne	The European union
L'OMS	The World Health Organization (WHO)	Une organisation non gouvernementale	A non -governmental organization
L'OMC	The World Trade Organization (WTO)	Le FMI	The International Monetary Fund (IMF)
La banque mondiale	The world bank	La banque centrale européenne	The European central bank (ECB)

La guerre
War

La guerre

Au bord de la guerre	On the brink of war	Le début de la guerre	The outbreak of war
Forces armées	Armed forces	Le désarmement	The disarmament
Des représailles	Retaliations	Le patriotisme	Patriotism
En guerre	At war	Dommages collatéraux	Collateral damages
Déclaration de guerre	Declaration of war	Rendre hommage	Pay tribute
Armistice	Armistice	Un traité de paix	A peace treaty
La course à l'armement	The arms race	Un arsenal	An arsenal
Dissuasion nucléaire	Nuclear deterrence	Un cessez-le-feu	A ceasefire
La guerre froide	The cold war	Un combattant	A fighter

Au front

Battre en retraite	To retreat	Un bataillon	A battalion
Des munitions	Ammunition, ammo	Un débarquement	A landing
Des ogives	Warheads	Un explosif	An explosive
Des pistolets	Guns	Un fusil d'assaut	An assault rifle
Le champs de bataille	The battlefield	Un navire de guerre	A warship
Le front	The battlefront	Un poste de contrôle	A checkpoint
L'infanterie	Infantry	Une balle	A bullet
La cavalerie	Cavalry	Une bombe	A bomb
La flotte	The fleet	Une embbuscade	An ambush
La ligne de front	The front line	Une explosion	A blast
Bombardement	Bombing	Une frappe aérienne	An air strike
Le massacre	The slaughter	Une mitrailleuse	A machine gun
Les troupes	The troops	Une zone de conflit	A conflict zone
Les rations	The supplies		

L'histoire
History

Histoire ancienne

Un siècle	A century	Les pharaons	The pharaoh
Archéologique	Archaeological	Pionnier	Pioneer
Mythique	Mythical	Les dinosaures	Dinosaurs
L'ancêtre	The ancestor	Le fossile	The fossil
Anthropologie	Anthropology	Archéologue	Archaeologist
Les barbares	The barbarous	Un arc et des flèches	Bow and arrows
Chronologie	Chronology	Homme des cavernes	Caveman
Découverte	Discovery	Gladiateur	Gladiator
L'exode	The exodus		

Histoire médiévale

Médieval	Medieval	La civilisation	The civilization
Une bataille	A battle	Le folklore	The folklore
Paysan	Peasant	Un chevalier	A knight
Princesse	Princess	Un roi	A king
Trône	Throne	Une reine	A queen
Couronne	Crown	Biblique	Biblical
Epée	Sword	Un château	A castle
Bouclier	Shield	Bourreau	Executioner
Ecuyer	Squire, page	Le christianisme	Christianity

Les médias
The media

La Télévision

Allumer la télé	To turn on the TV	Une télécommande	A remote control
Une chaîne	A channel	Diffuser	To broadcast
Un animateur télé	A TV host	Une émission	A program
Un émission de télévision avec des invités	a talk show	L'audimat	The ratings
Diffuser en différé	Pre-recorded	La publicité	The commercials
Un écran	A screen	Dessins animés	Cartoons
Un jeu télévisé	A game show	Des documentaires	Documentaries
Le journal télévisé	The news	En direct	Live
Passer à la télé	Appear on TV	Un téléviseur	A TV set
Le public	The audience	Un flash info	A newsflash
Une série	A tv series		

Journaux et radio

Un journal	A newspaper	Un numéro	An issue
Une station de radio	A radio station	Communiqué de presse	Press release
Un titre de journal	A headline	Couvrir une histoire	To cover a story
La couverture	The front page	Un lecteur	A reader
Un article	An article	Un sujet	A topic
Couverture médiatique	Media coverage	Une colonne	A column
Un abonnement	A subscription	Un sondage	A poll

La ville
The city

Se repérer en ville

La ville	The city	Une rue secondaire	A side street
La banlieue	The suburbs	Une rue piétonne	A pedestrian road
La foule	The crowd	Une rue à sens unique	A one-way street
La pollution	The pollution	Une ruelle	An alley
Le trafic	Traffic	Traverser la rue	To cross the street
Le trottoir	The pavement	Le centre-ville	The city center
Les environs	The surroundings	La rue principale	The main street
Les pavés	Paving stones	Le coin de la rue	The corner
Feux de signalisation	Traffic lights	Un lampadaire	A streetlight
Bondé	Overcrowded	Un passage pour piétons	A pedestrian crossing
Un arrondissement	A borough	Le voisinage	The neighborhood
Un carrefour	A crossroad	Les voisins	The neighbors
Un embouteillage	A traffic jam	Un piéton	A pedestrian

Les infrastructures

Un abribus	A bus shelter	Un pâté de maison	A block
Logement	Housing	Un quartier	A district
Un batiment	A building	Un locataire	A tenant
Un centre commercial	A mall	Un propriétaire	A landlord
Un commissariat	A police station	Une aire de jeux	A children's playground
Un immeuble résidentiel	An apartment block	Une cabine téléphonique	A phone booth
Un immeuble de bureau	An office block	Espaces verts	Green spaces
Un marché	A marketplace	Une gare	A train station
Un parc	A park	Une gare routière	A bus station

Problèmes de société
Social issues

Inégalités sociales

Inégalité	Inequality	La pauvreté	Poverty
Polémique	Controversial	Le seuil de pauvreté	The poverty line
Une polémique	A controversy	Joindre les deux bouts	To make both ends meet
Préjugés	Prejudices, biases	Les sans-abris	The homeless
Richesse	Wealth	Vivre en marge de la société	To live on the fringe of society
Revenu	Income		
Niveau de vie	Standard of living	Précaire	Precarious
Pouvoir d'achat	Purchasing power	Mendier	To beg
Les couches supérieures de la société	Upper classes	Prestations sociales	Social benefits
		Assistante social	Social worker
Statut social	Social status	Les défavorisés	The underprivileged
Société à deux vitesses	Two-tier society	Les pouvoirs établis	The Establishment

Racisme

Être victime de discrimination	To be discriminated against	Délit de faciès	Racial profiling
Le racisme	Racism	Subir une injustice	To suffer a wrong
Préjugés raciaux	Racial prejudices	Une société multiraciale	A multiracial society
Être métis	To be mixed-race	Une minorité ethnique	An ethnic minority
Ségrégation	Segregation	Afro-américain	African-American
Propager la haine	To propagate hatred	Américain d'origine asiatique	Asian-American
Discours haineux	Hate speech	Discrimination positive	Affirmative action

Violence et crime (1)
Violence and crime (1)

Actions criminelle

Enfreindre la loi	To break the law	Détourner, escroquer	To embezzle
Entrer par effraction	To break in	Faire sortir quelqu'un de prison	To bail somebody
Se faire arrêter	To be arrested	Soudoyer	To bribe
Abuser de quelqu'un	To abuse somebody	Contrefaire, falsifier	To forge
Commettre un crime	To commit a crime	Voler à l'étalage	To shoplift
Voler	To rob, to steal	Se faire enlever	To be abducted
Vandaliser	To vandalize	Blanchir de l'argent	To launder dirty money
Prendre quelqu'un en otage	To take somebody hostage	Etre condamné à mort	To be on death row
Vendre de la drogue	To deal drugs		

Le meurtre

Coupable	Guilty	Homicide	Homicide
Meutre	Murder	Tueur en série	Serial Killer
Meurtrier	Murderer	Coup de couteau	Stab
Homicide involontaire	Manslaughter	Poignarder quelqu'un	To knife somebody
Crime	Crime, Felony		

Les criminels

Voyou	Thug	Pillard	Looter
Terroriste	Terrorist	Voleur	Thief
Délinquant	Offender	Cambrioleur	Burglar
Complice	Accomplice, partner in crime		

Violence et crime (2)
Violence and crime (2)

Les crimes

Vol	Theft	Enlèvement d'enfant	Kidnapping
Cambriolage	Burglary	Délit de fuite	Hit and run
Trafic de drogue	Drug trafficking	Trahison	Treason
Délit	Misdemeanor	Intrusion	Trespassing
Infraction	Offense	Emeute	Riot
Criminalité	Criminality	Terrorisme	terrorism
Viol	Rape	Excès de vitesse	Speeding
Assaut, agression	Assault	Escroquerie	Scam
Pédophilie	Child abuse		

L'enquête

Profileur	Profiler	Témoignage	Testimony
Garde à vue	Custody	Libération	Release
Menottes	Handcuffs	Police scientifique	Forensics
Commissariat de police	Precinct	Casier judiciaire	Criminal record
Liberté surveillée	Probation	Lieu du crime	Crime scene
Ordonnance restrictive	Restraining order	Enquêter	To investigate
Témoin	Witness	Personne non identifié(e)	Jane / John Doe

La prison

Prison	Jail	La peine de mort	The death penalty
Mettre en prison	To jail	Un directeur de prison	A warden
Un récidiviste	A repeat offender	Être derrière les barreaux	To be behind bars
Purger une peine de prison	To serve a prison sentence	Un detenu	A convict, an inmate

L'immigration
Immigration

L'exil

Quitter son pays natal	To leave one's native country	S'adapter	To adapt
Fuir un pays	To flee a country	Accorder la permission de rester	To grant permission to stay
Être déraciné	To be outrooted	Se mélanger avec	To blend with
Passer la douane	To go through the custom	Chercher un abri	To seek a shelter
Faire entrer clandestinement	To smuggle in	Un réfugié	A refugee
Un bidonville	A shanty town		

L'asile

Un émigrant	An emigrant	Expulsion	Deportation
Un Immigré	An immigrate	Pays d'adoption	Country of adoption
L'immigration	Immigration	Pays d'accueil	Host country
Un étranger	A foreigner	Taux d'immigration	immigration rate
Contrôle des frontières	Border control	Identité culturelle	Cultural identity
Un permis de travail	A work permit	Barrière linguistique	Language barrier
Naturalisation	Naturalization	Le rêve américain	The American dream
Asile	Asylum	Quotas d'immigration	Immigration quotas
Carte verte	Green card	La politique d'immigration	Immigration policy
Un visa	A visa	Groupe ethnique	Ethnic group
Immigrant légal	Legal immigrant	Discriminatoire	Discriminatory
Immigrant illégal	Illegal immigrant	Tolérant / Intolérant	Tolerant / Intolerant
Citoyenneté	Citizenship		

Religions et croyances
Religions and beliefs

La vie religieuse

Une croyance	A belief	Le bien et le mal	The good and the evil
Un rituel	A ritual	Le diable	The devil
Un dieu, une déesse	A god, a goddess	Le paradis	Heaven
Une prière	A prayer	L'enfer	Hell
Un prophète	A prophet	Le saint esprit	Holy spirit
Un pèlerin	A pilgrim	Le Seigneur	The Lord
L'âme	The soul	Un autel	An altar
La foi	The faith		

Les différentes religions

Bouddhisme	Buddhism	Baptême	Christening
Islam	Islam	Un prêtre	A priest
Hindouisme	Hinduism	Une sourate	A Surat
Judaisme	Judaism	Le Coran	The Koran
Protestantisme	Protestantism	La Bible	The Bible
Catholicisme	Catholicism	La Torah	The Torah
Une église	A church	La Mecque	The mecca
Un temple	A temple	Le pape	The pope
Une mosquée	A mosque	Un chapelet	A rosary
Un musulman	A Muslim	Un évêque	A bishop
Un juif	A Jew, Jewish	Un pasteur	A pastor
Un chrétien	A Christian	Un imam	An imam
Un athée	An atheist	Un rabbin	A rabbi

La maison
The house

Les fondations

Plancher	Floor	Toit	Roof
Parquet	Wooden floor	Volets	Shutters
Moquette	Fitted carpet	Jardin	Garden
Porte	Door	Terrasse	Terrace
Fenêtre	Window	Baie vitrée	Bay window
Stores	Blinds	Couloir	Corridor
Plafond	Ceiling	Entrée	Entry

Les meubles et objets

Bed	Lit	Miroir	Mirror
Lits superposés	Bunk beds	Bureau	Desk
Matelas	Mattress	Chaise	Chair
Sommier	Bed base	Bibliothèque	Bookcase
Oreiller	Pillow	Canapé	Coach, sofa
Table de chevet	Bedside table	Toilette	Toilet
Couverture	Blanket	Papier toilette	Toilet paper
Tapis	Rug	Lampe	Lamp
Rideaux	Curtains	Table basse	Coffee table
Penderie	Wardrobe	Fauteuil	Armchair
Placard	Closet		

Outils et bricolage
Tools and handiwork

Bricoler

Construire	To build	Réparer	To repair
Démonter	To dismantle	Rénover	To renovate
Percer	To drill	Visser	To screw
Serrer	To tighten		

Les outils

Echelle	Ladder	Une brouette	A wheelbarrow
L'établi	The workbench	Une clé à molette	A wrench
Un clou	A nail	Une clé anglaise	An adjustable wrench
Un boulon	A bolt	Une corde	A rope
Un diable	A trolley	Une pelle	A shovel
Un écrou	A nut	Une mèche, un foret	A drill bit
Un fil	A wire	Une perceuse	A drill
Un joint	A joint	Une pince coupante	A wire cutter
Un marteau	A hammer	Une rallonge	An extension cord
Un mètre	A tape measure	Une scie	A saw
Un pied-de-biche	A pry bar	Une truelle	A trowel
Un pinceau	A brush	De le peinture	Paint
Un pistolet à colle	A glue gun	Des lunettes de sécurité	Safety goggles
Un sceau	A bucket	Du ciment	Cement
Un tournevis	A screwdriver	Du papier de verre	Sandpaper
Un tuyau	A pipe	Du plâtre	Plaster

Les tâches ménagères
Chores

Faire le ménage

Bien rangé	Tidy	Faire le lit	To make the bed
Sale, dégoutant	Filthy	Passer la serpillière	To mop the floor
Changer les draps	To change the sheets	Tondre la pelouse	To mow the lawn
Laver	To clean	Ranger le linge	To put away clothes
Nettoyer les fenêtres	To clean the windows	Faire briller	To polish
Débarrasser la table	To clear the table	Récurer	To scrub
Cuisiner	To cook	Balayer	To sweep
Faire les poussières	To dust	Sortir la poubelle	To take out the trash
Faire la lessive	To do the laundry	Promener le chien	To walk the dog
Vider le lave-vaisselle	To empty the dishwasher	Essuyer	To wipe
Nourrir le chien	To feed the dog	Essuyer la vaisselle	To dry the dishes
Plier le linge	To fold clothes	Arroser les plantes	To water the plants
Etendre le linge	To hang out clothes	Passer l'aspirateur	To vacuum

Produits et outils ménagers

De la lessive	Laundry detergent	Un lave-vaisselle	A dishwasher
Assouplissant	Fabric softener	Un lave-linge	A washing machine
Gants en caoutchouc	Robber gloves	Une éponge	A sponge
Un fer à repasser	An iron	Une serpillière	A mop

La cuisine
The kitchen

Cuisiner

Faire mijoter	To stew	Faire blanchir des légumes	To blanch
Faire rôtir	To roast	Eplucher	To peel
Faire bouillir	To boil	Hacher de la viande	To mince
Faire frire	To fry	Hacher de l'ail	To chop
Faire revenir	To brown		

Les ustensiles

L'évier	The sink	Un ouvre-boîte	A can opener
Le robinet	The tap	Une planche à découper	A chopping board
Le réfrigérateur	The fridge	Une spatule	A spatula
Le congélateur	The freezer	Un saladier	A salad bowl
Le lave-vaisselle	The dishwasher	Une balance	A scale
La gazinière	The stove	Un tire-bouchon	A corkscrew
Le four	The oven	Un entonnoir	A funnel
Le micro-ondes	The microwave oven	Un moule à gâteau	A baking tin
Le grille-pain	The toaster	Un écumoir	A skimmer
La cafetière	The coffee maker	Une louche	A soup ladle
La bouilloire	The kettle	Un rouleau à pâtisserie	A rolling pin
La théière	The teapot	Un tablier de cuisine	An apron
La casserole	The sauce pan	Une manique	An oven mit
La poêle	The frying pan	Le mixeur	The blender
La hotte	The cooker hood	Une râpe	A grater

La salle de bain
The bathroom

Dans la salle de bain

La douche	The shower	Douche à l'italienne	Walk-in shower
Le lavabo	The sink	Rasoir	Razor
L'armoire à pharmacie	The medicine cabinet	Lame de rasoir	Razor blade
La baignoire	The bath tub	Peigne	Comb
Cabine de douche	Shower stall	Brosse à cheveux	Hair brush
Rideau de douche	Shower curtain	Pince à épiler	Tweezers
Robinet	Tap	Lime à ongle	Nail file
Tuyau d'évacuation	Drain	Coupe-ongle	Nail clippers
Miroir	Mirror	Peignoir	Bath robe
Serviette	Towel	Brosse à dent	Toothbrush
Porte-serviette	Towel-rack	Dentifrice	Toothpaste
Sèche-cheveux	Hair dryer	Un tampon	A tampon
Séchoir pour les mains	Hand dryer	Une serviette hygiénique	A pad
Tapis de douche	Bathmat		

Prendre soin de soi

Prendre une douche	To take a shower	Se raser	To shave
Prendre un bain	To take a bath	Se laver	To shower
Se sécher les cheveux	To blow-dry your hair	Savon	Soap
Se laver les mains	To wash one's hands	Shampoing	Shampoo
Tirer la chasse d'eau	To flush the toilets		

Beauté et cosmétiques
Beauty and cosmetics

La beauté

Après-shampooing	Conditionner	Parfum	Perfume
Masque pour les cheveux	Hair mask	Teinture cheveux	Hair dye
Après-rasage	Aftershave	Masque visage	Face mask
De la crème à raser	Shaving cream	Gommage corporel	Body scrub
Bain moussant	Bubble bath	Gommage du visage	Facial scrub
Dissolvant	Nail polish remover	Esthéticienne	Esthetician
Déodorant	Deodorant	Se faire les ongles	To do one's nails
Cire à épiler	Wax	Exfolier	To exfoliate
Crème hydratante	Moisturizer	S'épiler	To wax
Manucure	Manicure	Vernis à ongle	Nail polish
Pédicure	Pedicure		

Le maquillage

Se maquiller	To put on make-up	Fard à joue	Blush
Démaquillant	Make-up remover	Fond de teint	Foundation
Maquillage	Make-up	Mascara	Mascara
Rouge à lèvre	Lipstick	Fard à paupière	Eyeshadow
La poudre	Face powder	Crayon à lèvre	Lip liner
Brillant à lèvre	Lip gloss	Crayon yeux	Eye liner
Bronzage	Tan	Crayon à sourcil	Eyebrow pencil
Correcteur	Concealer	Baume à lèvre	Lip balm

Géographie
Geography

Géographie

Altitude	Altitude	Une grotte	A cave
Mer	Sea	Une prairie	A meadow
Montagne	Mountain	Une plage	A beach
Vallée	Valley	Une source chaude	A hot spring
Paysage	Landscape	Un désert	A desert
Littoral	Coastline	Une île	An island
Un archipel	An archipelago	Une presqu'ile	A peninsula
Un canal	A channel	Une cascade	A waterfall
Une rivière	A river	Une colline	A hill
Un étang	A pond	Une dune	A dune
Un lac	A lake	Une avalanche	An avalanche
Un gouffre	A abyss	Un séisme	An earthquake
Marécage	Swamp	Une barrière de corail	A coral reef
Un ravin	A ravine	Une crique	A creek
Un rocher	A rock	Un lagon	A lagoon
Un ruisseau	A stream	Un fossé	A ditch
Une digue	A dam	Un canyon	A canyon
Une falaise	A cliff	Un cratère	A crater
Une forêt	A forest	L'estuaire	The estuary
Une frontière	A border		

Animaux exotiques
Exotic animals

Animaux exotiques

Serpent	Snake	Salamandre	Salamander
Tigre	Tiger	Araignée	Spider
Chimpanzé	Chimpanzee, chimp	Flamants roses	Flamingos
Babouin	Baboon	Panda	Pandas
Gorille	Gorilla	Lémurien	Lemur
Ouistiti	Ouistiti	Toucan	Toucan
Panthère	Panther	Caméléon	Chameleon
Crocodile	Crocodile	Orang-Outans	Orang-utan
Hippopotame	Hippopotamus	Autruche	Ostrich
Lion	Lion	Hyène	Hyena
Koalas	Koala	Bison	Bison
Kangourou	Kangaroo	Buffles	Buffalos
Elephant	Elephant	Antilopes	Antelope
Perroquet	Parrot	Vautours	Vultures
Jaguar	Jaguar	Girafe	Giraffe
Grenouille	Frog	Rhinocéros	Rhinoceros
Paresseux	Slug	Guépard	Cheetah
Iguane	Iguana	Emeu	Emu
Phacochère	Warthog	Chameau	Camel
Mangouste	Mangoose		

Animaux de compagnie et de la forêt
Pets and animals of the forest

Animaux de compagnie et de la forêt

Chien	Dog	Faon	Fawn
Chat	Cat	Chevreuil	Buck
Lapin	Rabbit	Lièvre	Hare
Souris	Mouse	Renard	Fox
Furet	Ferret	Hérisson	Hedgehog
Loup	Wolf	Marmotte	Marmot
Cerf	Deer	Castor	Beaver
Sanglier	Boar	Blaireau	Badger
Hamster	Hamster	Fouine	Marten
Tortue	Turtle	Putois	Polecat
Poisson rouge	Gold fish	Raton-laveur	Racoon
Canard	Duck	Coucou	Cuckoo
Canari	Canary	Chouette	Owl
Cheval	Horse	Mulot	Mule
Cochon d'inde	Guinea Pig	Chauve-souris	Bat
Poney	Pony	Ours	Bear
Truie	Sow	Porc-epic	Porcupine
Ecureuil	Squirrel	Vipère	Viper
Pic-vert	Woodpecker		

Animaux de la ferme
Farm animals

Animaux de la ferme

Cochon	Pig	Agneau	Lamb
Oie	Goose	Alpaga	Alpaca
Vache	Cow	Jument	Mare
Mouton	Sheep	Bouc	Billy goat
Chèvre	Goat	Paon	Peacock
Poule	Chicken	Poulain	Foal
Coq	Rooster	Brebis	Ewe
Poussin	Chick	Lama	Llama
Taureau	Bull	Veau	Veal
Porcelet	Pigglet	Cygne	Swan
Porc	Swine	Caille	Quail
Dinde	Turkey	Bœuf	Beef
Ane	Donkey		

Animaux aquatiques
Sea animals

Animaux aquatiques

Poisson	Fish	Etoile de mer	Star fish
Baleine	Whale	Morue	Cod
Dauphin	Dolphin	Raie manta	Manta ray
Orque	Orca	Palourde	Clam
Crevette	Shrimp	Truite	Trout
Crabe	Crab	Tortue de mer	Sea turtle
Pieuvre	Octopus	Poisson clown	Clownfish
Morse	Walrus	Poisson globe	Puffer fish
Otarie	Sea lion	Phoque	Seal
Requin	Shark	Poisson chat	Catfish
Pingouin	Penguin	Espadon	Swordfish
Hippocampe	Sea horse	Anchois	Anchovy
Coquillage	Sea shell	Plancton	Plankton
Huitre	Oyster	Corail	Coral
Oursin	Sea urchin	Bar	Seabass
Homard	Lobster	Lamantin	Manatee
Narval	Narwhal	Méduse	Jelly fish
Algue	Seaweed	Raie	Sting ray
Saumon	Salmon	Eponge	Sponge
Thon	Tuna	Anguille	Eel

Insectes
Insects

Insectes

Abeille	Bee	Puce	Flea
Pou	Lice	Sauterelle	Grasshopper
Cafard	Cockroach	Tique	Tick
Frelon	Hornet	Bourdon	Bumble-bee
Guêpe	Wasp	Grillon	Cricket
Papillon	Butterfly	Mille-patte	Centipede
Mouche	Fly	Ver	Worm
Moustique	Mosquito	Termite	Termite
Perce-oreille	Earwig	Luciole	Firefly
Phasme	Stick insect	Mante religieuse	Praying mantis
Coccinelle	Ladybug	Mite	Clothes moth
Scarabée	Beetle	Un nid d'abeille	A honeycomb
Scorpion	Scorpion	Un cocon	A cocoon
Chenille	Caterpillar	Une ruche	A bee hive
Fourmi	Ant	Piqûre d'insecte	Insect bite
Libellule	Dragonfly	Toile d'araignée	Spider web
Limace	Slug	Anti-moustique	Insect repellent

A la mer
At the beach

A la plage

Plage	Beach	Un maillot de bain	A swimsuit
Sable	Sand	Lunette de plongée	Goggles
Une île	An island	Tongs	Flip-flops
La côte	The cost	La marée	The tide
Un château de sable	A sandcastle	Bronzer	Sunbathing
Un coquillage	A shell	Surfer une vague	To ride a wave
Galets	Pebbles	Faire de la voile	Sailing
La vase	Slime	Faire de la plongée	To dive
Un phare	A lighthouse	Un bateau	A boat
Une piscine	A swimming pool	Un navire	A ship
Nager	To swim	Un port	An harbor
Se noyer	To drown	Gilet de sauvetage	Life vest
Couler	To sink	Une ancre	An anchor
Se baigner	to bathe	Cerf-volant	Kite
Faire du bouche à bouche	Give mouth-to-mouth	Un maître-nageur	A lifeguard
Lunettes de soleil	Sunglasses	Une croisière	A cruise
Crème solaire	Sun cream	Marée haute	High tide
Parasol	Umbrella	Marée basse	Low tide
Serviette de plage	Beach towel	Vagues	Waves

La forêt
The forest

Dans la forêt

Animaux	Animals	Une pomme de pin	A pine cone
Herbe	Grass	Un buisson	A bush
Un brin d'herbe	A blade of grass	Feuille / Feuilles	Leaf / Leaves
La terre	Earth	Un volcan	A volcano
La faune et la flore	Flora and fauna	Un bois	A wood
Un champs	A field	Une racine	A root
Une prairie	A meadow	Le feuillage	The foliage
Les fleurs	Flowers	Un érable	A maple
Les arbres	Trees	Un séquoia	A redwood
La chaîne alimentaire	The food chain	Un bosquet	A grove
L'écosystème	The ecosystem	Un bouleau	A birch
La mousson	The monsoon	Cerisier	Cherry
La boue	The mud	Chêne	Oak
Champignons	Mushrooms	Frêne	Ash
La sève	The sap	Noyer	Walnut
Une souche	A stump	Pommier	Apple tree
Un tronc	A trunk	Saule	Willow
Une brindille	A twig	Prunier	Plum tree
Un pin	A pine tree	Un gland	An acorn

Les mathématiques
Mathematics

Algèbre calcul et probabilités

Calculatrice	Calculator	Noyau	Kernel
Borne	Bound	Racine	Root
Calcul	Calculus	Ecart-type	Standard deviation
Chiffre	Digit	Echantillonage	Sampling
Elever au carré / cube	To square / to cube	Effectif	Frequency
Pair	Even	Médiane	Median
Impair	Odd	Moyenne	Average
Parenthèses	Brackets	Nuage de point	Scatter graph
Système d'équations	Equation system	Chance	Likelihood, chance
Tableur	Spreadsheet	Suite	Sequence
Coefficient directeur	Slope	Dérivée	Derivative
Fonction	Function	Fonction croissante	Increasing function
A la puissance…	Raised to the power…	Fonction décroissante	Decrease function
Algèbre	Algebra	Fonction bijective	Bijective function
Matrice	Matrix	Antécédent	Pre-image
Factorielle n	N Factorial		

Géométrie et graphiques

Axe des abscisses	X-axis	Symétrie axiale	Line symmetry
Axe des ordonnées	Y-axis	Sommet	Vertex
Angle aigu	Acute angle	Triangle rectangle	Right-angled triangle
Angle obtus	Obtuse angle	Produit scalaire	Scalar product

Les matières
Materials

Les matières

Or	Gold	Plastique	Plastic
Argent	Silver	Ardoise	Slate
Cuivre	Copper	Tissu	Cloth
Bronze	Bronze	Dentelle	Lace
Fer	Iron	Cuir	Leather
Plomb	Lead	Lin	Linen
Mercure	Mercury	Nylon	Nylon
Platine	Platinum	Laine	Wool
Acier	Steel	Fibre synthétique	Synthetic fiber
Etain	Tin	Feutre	Felt
Zinc	Zinc	Argile	Clay
Laiton	Brass	Charbon	Coal
Un alliage	An alloy	Diamant	Diamond
Aluminium	Aluminium	Plume	Feather
Verre	Glass	Ivoire	Ivory
Brique	Brick	Papier	Paper
Ciment	Cement	Caoutchouc	Rubber
Béton	Concrete	Paille	Straw
Fibre de verre	Fiberglass	Porcelaine	Porcelain
Marbre	Marble		

Le temps
Time

Le temps

Un siècle	A century	La durée	The duration
Une date	A date	Depuis	From
Un jour	A day	Une demi-heure	Half an hour
Une décennie	A decade	Le lever du soleil	Sunrise
Une semaine	A week	Midi	Noon
Un mois	A month	Le crépuscule	Twilight
Une quinzaine	A fortnight	L'après-midi	The afternoon
Un laps de temps	A lapse of time	Coucher du soleil	Sunset
Une minute	A minute	L'aube	Dawn
Une heure	An hour	Quotidiennement	Daily
Un moment	A moment	Jour après jour	Day after day
Un trimestre	A quarter / A term	Fréquemment	Frequently
Un emploi du temps	A timetable	Occasionnellement	Occasionally
Une année	A year	Trimestriel	Quarterly
Une ère	An era	Hebdomadaire	Weekly
De jour	By day	Annuel	Yearly
De nuit	By day	D'habitude	Usually

L'espace
Space

Les directions

Le Nord	The North	L'emplacement	The location
Le Sud	The South	Verticalement	Vertically
L'Est	The East	Horizontalement	Horizontally
L'Ouest	The West	Indiquer	To point out
Le haut	The top	Tourner	To turn
Le bas	The bottom	Se perdre	To get lost
La gauche	The left	Se repérer	To find one's way
La droite	The right	S'éloigner	To walk away
L'avant	The front	S'approcher	To approach, to come closer
L'arrière	The back		

Adverbes utiles

Nulle part	Nowhere	Au-dessous	Below
Devant	In front of	Au-dessus	Above
Derrière	in the back of	Autours	Around
Between	Entre	Au milieu	In the middle
Vers, en direction de	Toward, near	Auprès de	Next to
A côté de	Next to	Quelque part	Somewhere
A l'extérieur	Outside	Lointain	Far away
A l'intérieur	Inside	Ailleurs	Elsewhere

Quantités et mesures
Quantities and measures

Quantités et mesures

Mesure	To measure	Plusieurs	Several
Largeur	Width	Nombreux	Numerous
Longueur	Length	Innombrables	Countless
Hauteur	Height	Un petit peu	A bit of
Profondeur	Depth	Un tout petit peu	A little bit of
Epaisseur	Thickness	Peser	To weigh
Un quart	A quarter	Très	Very
Deux tiers	Two-third	Beaucoup	A lot, much
Un mètre	One meter	Entier	Whole
Un centimètre	One centimeter	Ni l'un ni l'autre	Neither
Un millimètre	One millimeter	L'un ou l'autre	Either
Un kilomètre	One kilometer	A peine	Barely
Un gramme	A gram	Une livre	A pound
Un kilogramme	A kilogram	Davantage	More
Une tonne	A ton	De plus en plus	More and more
Un litre	A liter	Une tasse de	A cup of
Une douzaine	A dozen	Un pot de	A jar of
Une centaine	A hundred	Une cruche de	A jug of
Des milliers	Thousands	Un morceau de	A piece of, a lump of
Une demi-douzaine	Half-a-dozen	Une tranche, une part	A slice

Les couleurs et les formes
Colors and shapes

Couleurs

Bleu	Blue	Noir	Black
Vert	Green	Blanc	White
Rouge	Red	Gris	Grey
Jaune	Yellow	Beige	Beige
Marron	Brown	Doré	Golden
Orange	Orange	Bleu marine	Navy
Violet	Purple	Argent	Silver
Rose	Pink		

Les formes

Carré	Square	Flèche	Arrow
Rectangle	Rectangle	Diamant	Diamond
Cercle	Circle	Cœur	Heart
Losange	Rhombus	Croissant	Crescent
Etoile	Star	Octogone	Octagon
Pyramide	Pyramid	Pentagone	Pentagon
Triangle	Triangle	Ellipse	Ellipse
Ligne	Line		

Adjectifs utiles
Useful adjectives

A-I

Agréable	Pleasant	Ennuyant	Boring
Amusant	Fun	Enorme	Huge
Beau	Beautiful	Facile	Easy
Bizarre	Weird	Fort	Strong
Cassé	Broken	Fermé	Closed
Célèbre	Famous	Grand	Great
Convaincant	Convincing	Gros	Big
Dangereux	Dangerous	Impressionnant	Impressive
Dur	Hard	Inconnu	Unknown
Différent	Different	Incroyable	Amazing
Efficace	Efficient, effective	Illégal	Illegal

J-Z

Jaloux	Jealous	Parfait	Perfect
Léger	Light	Passionnant	Exciting, fascinating
Lent	Slow	Pauvre	Poor
Loin	Far	Petit	Little
Lourd	Heavy	Pire	Worst
Mauvais	Bad	Profond	Deep
Merveilleux	Wonderful	Responsable	Responsible
Moyen	Average	Riche	Rich
Naturel	Natural	Sale	Dirty
Nouveau	New	Sauvage	Wild
Ouvert	Open	Vrai	Real

Verbes utiles
Useful verbs

A-M

Accepter	To accept	Dormir	To sleep
Aider	To help	Ecouter	To listen
Aller	To go	Ecrire	To write
Appeler	To call	Essayer	To try
Avoir	To have	Faire	To do, to make
Casser	To break	Finir	To finish
Changer	To change	Garder	To keep
Chercher	To search	Laisser	To let, leave
Conduire	To drive	Manger	To eat
Courir	To run	Mettre	To put
Dire	To say, to tell	Montrer	To show

M-Z

Oublier	To forget	Répondre	To answer, to reply
Parler	To speak, to tell	Savoir	To know
Partir	To leave	Se souvenir	To remember
Payer	To pay	Tomber	To fall
Penser	To think	Trouver	To find, to discover
Permettre	To allow, to permit, to enable	Travailler	To work
Prendre	To take, to catch	Utiliser	To use
Regarder	To watch	Voir	To see
Rencontrer	To meet	Vouloir	To want

Adverbes utiles (1)
Useful adverbs (1)

A - E

Actuellement	Currently	Couramment	Fluently
Ailleurs	Elsewhere	Curieusement	Curiously
Après	After	D'habitude	Usually
Assez	Enough	De plus en plus	More and more
Aussi	Too, As well, Also	Dernièrement	Lately
Autrefois	In the past	Désormais	From now on
Beaucoup	A lot	Difficilement	With difficulty
Bientôt	Soon	Enormément	Very much, enormously
Bizarrement	Oddly	Ensemble	Together
Brièvement	Briefly	Ensuite	Next, then
Calmement	Calmly	Environ	About
Certainement	Certainly	Etonnamment	Surprisingly
Clairement	Clearly	Evidemment	Obviously
Complètement	Completely	Exactement	Exactly
Considérablement	Greatly	Exceptionnellement	Exceptionally
Constamment	Constantly	Exprès	On purpose

Adverbes utiles (2)
Useful adverbs (2)

E - Z

Facilement	Easily	Parfois	Sometimes
Finalement	Eventually	Partout	Everywhere
Franchement	Frankly	Peut-être	Perhaps
Heureusement	Fortunately	Presque	Almost
Immédiatement	Immediately	Probablement	Probably
Jamais	Never	Quelque part	Somewhere
Librement	Freely	Rapidement	Quickly
Longtemps	For a long time	Seulement	Only
Maintenant	Now	Simplement	Simply
Malheureusement	Unfortunately	Soudainement	Suddenly
N'importe où	Anywhere	Souvent	often
N'importe quand	Anytime	Toujours	Always
Normalement	Normally	Très	Very
Nulle part	Nowhere	Vraiment	Truly

Verbes irréguliers (1)
Irregular verbs (1)

A - F

Become	Became	Become	Devenir
Begin	Began	Begun	Commencer
Bite	Bit	Bitten	Mordre
Bleed	Bled	Bled	Saigner
Break	Broke	Broken	Casser
Bring	Brought	Brought	Apporter
Build	Built	Built	Construire
Burn	Burnt / burned	Burnt / burned	Brûler
Buy	Bought	Bought	Acheter
Can	Could	Could	Pouvoir
Catch	Caught	Caught	Attraper
Choose	Chose	Chosen	Choisir
Come	Came	Come	Venir
Cut	Cut	Cut	Couper
Do	Did	Done	Faire
Draw	Drew	Drawn	Dessiner / tirer
Dream	Dreamt / dreamed	Dreamt / dreamed	Rêver
Eat	Ate	Eaten	Manger
Fall	Fell	Fallen	Tomber
Feed	Fed	Fed	Nourrir
Feel	Felt	Felt	Se sentir / ressentir
Fight	Fought	Fought	Se battre
Find	Found	Found	Trouver
Fly	Flew	Flown	Voler

Verbes irréguliers (2)
Irregular verbs (2)

F - Q

Forbid	Forbade	Forbidden	Interdire
Forget	Forgot	Forgotten / forgot	Oublier
Forgive	Forgave	Forgiven	Pardonner
Get	Got	Gotten / got	Obtenir
Give	Gave	Given	Donner
Go	Went	Gone	Aller
Grow	Grew	Grown	Grandir / pousser
Have	Had	Had	Avoir
Hear	Heard	Heard	Entendre
Hide	Hid	Hidden	Cacher
Hit	Hit	Hit	Taper / appuyer
Hurt	Hurt	Hurt	Blesser
Keep	Kept	Kept	Garder
Know	Knew	Known	Connaître / savoir
Learn	Learnt	Learnt	Apprendre
Leave	Left	Left	Laisser / quitter / partir
Let	Let	Let	Permettre / louer
Lie	Lay	Lain	S'allonger
Lose	Lost	Lost	Perdre
Make	Made	Made	Fabriquer
Meet	Met	Met	Rencontrer
Pay	Paid	Paid	Payer
Put	Put	Put	Mettre
Quit	Quit	Quit	Quitter

Verbes irréguliers (3)
Irregular verbs (3)

R - Z

Read	Read	Read	Lire
Ring	Rang	Rung	Sonner / téléphoner
Run	Ran	Run	Courir
See	Saw	Seen	Voir
Sell	Sold	Sold	Vendre
Send	Sent	Sent	Envoyer
Set	Set	Set	Fixer
Show	Showed	Shown	Montrer
Sing	Sang	Sung	Chanter
Sleep	Slept	Slept	Dormir
Smell	Smelt	Smelt	Sentir
Speak	Spoke	Spoken	Parler
Spend	Spent	Spent	Dépenser / passer du temps
Stand	Stood	Stood	Être debout
Steal	Stole	Stolen	Voler / dérober
Swim	Swam	Swum	Nager
Take	Took	Taken	Prendre
Tell	Told	Told	Dire / raconter
Think	Thought	Thought	Penser
Throw	Threw	Thrown	Jeter
Understand	Understood	Understood	Comprendre
Write	Wrote	Written	Écrire